IRISCHE REZEPTE KOCHBUCH.

IRISCHE REZEPTE KOCHBUCH.

von: Michelle Lee

Version 1.1 Januar 2022

Veröffentlicht von Michelle Lee bei KDP

Obwohl der Herausgeber und der Autor alle Anstrengungen unternommen haben, um sicherzustellen, dass die Informationen in diesem Buch zum Zeitpunkt der Drucklegung korrekt waren, und obwohl diese Publikation darauf abzielt, genaue Informationen zu den behandelten Themen zu liefern, übernehmen der Herausgeber und der Autor keine Verantwortung für Fehler, Ungenauigkeiten, Auslassungen oder sonstige Unstimmigkeiten in diesem Buch und lehnen hiermit jegliche Haftung gegenüber Dritten für Verluste, Schäden oder Störungen ab, die durch Fehler oder Auslassungen verursacht wurden, unabhängig davon, ob diese Fehler oder Auslassungen auf Fahrlässigkeit, Unfälle oder andere Ursachen zurückzuführen sind.

Diese Publikation ist als Quelle wertvoller Informationen für den Leser gedacht, sie ersetzt jedoch nicht die direkte Unterstützung durch einen Experten. Wenn eine solche Unterstützung erforderlich ist, sollten die Dienste eines kompetenten Fachmanns in Anspruch genommen werden.

Inhalt

COLCANNON.

ZUTATEN FÜR 1 PORTION.

- ✓ 4 mittelgroße Kartoffel, mehlig kochend
- ✓ 300 g Weißkohl oder Wirsingkohl
- ✓ 60 g Butter
- ✓ 6 Frühlingszwiebeln oder eine Stange Lauch, in Ringe geschnitten
- ✓ 7 Esslöffel Milch, lauwarm
- ✓ Salz und Pfeffer, frisch gemahlen
- ✓ Muskatnuss
- ✓ 1 Esslöffel Petersilie, gehackt zum Garnieren.

ZUBEREITUNG

Gesamtzeit ca. 35 Minuten.

1. Die Kartoffeln schälen. Die Kartoffeln vierteln. In kochendem Salzwasser weich kochen. Das Wasser von den Kartoffeln abgießen. Die Kartoffeln mit einem Kartoffelstampfer gut zerdrücken, bis sie trocken und mehlig sind.
2. Den kleingeschnittenen Weißkohl oder noch besser Wirsing 10 Minuten in Salzwasser kochen und mit einer Schaumkelle herausnehmen. Den Kohl abtropfen lassen.
3. Die Butter in einem großen Topf schmelzen, den Kohl und die Frühlingszwiebeln dazugeben und 1 Minute dünsten. Die Kohlmischung mit dem Kartoffelpüree vermischen. So viel warme Milch hinzugeben, bis eine cremige Konsistenz entsteht. Mit Pfeffer, Muskatnuss und Salz würzen und mit der gehackten Petersilie garniert servieren.

IRISCHE KARTOFFELSUPPE.

ZUTATEN FÜR 4 PORTIONEN.

- ✓ 900 g Kartoffeln
- ✓ 1 große Zwiebel
- ✓ 60 g Butter
- ✓ 1,2 Liter Gemüsebrühe
- ✓ 300 ml Milch
- ✓ 1 Teelöffel Petersilie, so frisch wie möglich
- ✓ 1 Teelöffel Schnittlauch, so frisch wie möglich
- ✓ 1 Teelöffel Speisestärke
- ✓ Salz und Pfeffer.

ZUBEREITUNG

Gesamtzeit ca. 20 Minuten.

1. Die Kartoffeln schälen und vierteln. Die Zwiebel schälen. Die Zwiebel in feine Streifen schneiden.
2. Die Butter in einem großen Topf zerlassen, die Kartoffeln und Zwiebelstreifen dazugeben und 10 Minuten bei geschlossenem Deckel braten (mehrmals umrühren). Darauf achten, dass nichts anbrennt! Nun die Brühe, Salz und Pfeffer hinzugeben. Bei geschlossenem Deckel und unter ständigem Rühren zum Kochen bringen. Die Suppe ca. 30 Minuten köcheln lassen, bis die Kartoffeln weich sind. Ab und zu umrühren.
3. Nehmen Sie den Topf vom Herd. Alles durch ein Sieb in einen zweiten großen Topf gießen. Die Kartoffeln und einen Teil der Zwiebeln (je nach Geschmack, wenn Sie Zwiebeln mögen, können Sie sich das Sieben sparen) wieder in die Brühe geben und die Milch hinzufügen. Den Herd wieder auf volle Hitze stellen und die Suppe mit einem Pürierstab pürieren, bis eine homogene, cremige Masse entsteht. Nochmals mit Salz und Pfeffer abschmecken. Die Speisestärke zugeben und kurz aufkochen lassen. Mit Petersilie und Schnittlauch garniert servieren.
4. Dazu schmeckt Zwiebelbrot. Die Suppe lässt sich sehr gut vorbereiten und wieder aufwärmen.

IRISCHES BIERFLEISCH - RINDFLEISCHEINTOPF.

ZUTATEN FÜR 4 PORTIONEN.

- ✓ 1 kg Roastbeef (Schulter)
- ✓ 1 Bund Suppengemüse
- ✓ 1 Eßl. Senf
- ✓ 1 Esslöffel Tomatenmark
- ✓ 1 Eßl. Zucker, braun
- ✓ 1 Scheibe Brot, dunkel
- ✓ 1 Bouquet garni
- ✓ 400 ml Kalbsfond
- ✓ 4 mittelgroße Zwiebeln, weiß
- ✓ ½ Liter Malzbier
- ✓ ½ Liter Bier, rot irisch (Kilkenny)
- ✓ Balsamico-, milder Wein- oder Sektessig
- ✓ Salz und Pfeffer
- ✓ Butter.

ZUBEREITUNG

Gesamtzeit ca. 1 Stunde.

1. In einem Topf mit schwerem Boden neutrales Pflanzenöl erhitzen, das gehackte Gemüse mit dem Tomatenmark darin anbraten, so dass es leicht Farbe annimmt. Mit Kilkenny ablöschen und einkochen lassen, mit Malzbier ablöschen und einkochen lassen, mit Balsamicoessig ablöschen und wieder einkochen lassen. Den Kalbsfond darüber gießen und leicht köcheln lassen.
2. Das Rindfleisch in große Würfel von ca. 5 x 5 cm schneiden, in einem Bräter in Butter anbraten, mit Pfeffer und Salz würzen. Aus dem Bräter nehmen und die in feine Streifen geschnittenen Zwiebeln im Bratensaft anbraten. Den Zucker und je 0,3 Liter Malzbier und Kilkenny dazugeben, das Bouquet garni einlegen, die Brotscheibe sehr fein zerbröseln, den Senf einrühren, die Fleischstücke wieder in die Brühe geben und mindestens 3 Stunden bei niedriger Temperatur köcheln lassen.
3. Am Ende der Schmorzeit den Gemüsefond durch ein Spitzsieb drücken und in einen Topf geben, mit einem Schuss Balsamico-Essig verlängern und auf ca. 100 ml einkochen, so dass er eine sirupartige Konsistenz hat. Diesen Sud dann zum Fleisch geben. Bei Bedarf mit Salz und Pfeffer abschmecken.
4. Dazu schmeckt ein Kartoffel-Karotten-Püree.

IRISCHER SCHMORTOPF.

ZUTATEN FÜR 4 PORTIONEN.

- ✓ 2 Esslöffel Öl
- ✓ 450 g Rinderhackfleisch oder Lammhackfleisch
- ✓ 1 große Zwiebel, fein gewürfelt
- ✓ 50 g Champignons
- ✓ 2 Karotten, in dünne Scheiben geschnitten
- ✓ 1 Lorbeerblatt
- ✓ 2 Esslöffel Mehl
- ✓ 1 Esslöffel Tomatenmark
- ✓ 200 ml Brühe (Kräuterbouillon)
- ✓ 700 g Kartoffel, geschält, in Stücke geschnitten
- ✓ 25 g Butter
- ✓ 50 g Käse, gerieben
- ✓ Milch.

ZUBEREITUNG

Gesamtzeit ca. 1 Stunde 20 Minuten.

1. Zuerst das Hackfleisch, die Zwiebeln, Champignons, Karotten und das Lorbeerblatt in heißem Öl ca. 8-10 Minuten anbraten. Mehl und Tomatenpüree zugeben und ca. 2 Minuten mitrösten. Mit der Brühe aufgießen und alles zum Kochen bringen. Zudecken und ca. 25 Minuten köcheln lassen.
2. In der Zwischenzeit die Kartoffeln kochen und ein Kartoffelpüree mit Butter, Milch und Salz zubereiten.
3. Den Backofen auf 200 ° C Ober-/Unterhitze vorheizen.
4. Entfernen Sie das Lorbeerblatt und würzen Sie das Fleisch mit Salz und Pfeffer. Die Fleisch-Gemüse-Mischung in eine vorbereitete Auflaufform (Inhalt ca. 1,7 Liter) geben und mit dem Kartoffelpüree bedecken. Mit Käse bestreuen.
5. Im heißen Ofen ca. 15-20 Minuten überbacken.
6. Köstlich mit einem grünen Salat.

IRISCHER EINTOPF MIT GUINNESS.

ZUTATEN FÜR 6 PORTIONEN.

- ✓ 400 g Rindergulasch
- ✓ 400 g Lammgulasch, aus der Keule
- ✓ 50 ml Rinderbrühe
- ✓ 300 ml Bier (Guinness)
- ✓ 250 g Karotte
- ✓ 400 g Kartoffel, festkochend
- ✓ 3 Zwiebeln
- ✓ 3 Stängel Thymian, frisch oder getrocknet
- ✓ 2 Lorbeerblätter, frisch oder getrocknet
- ✓ 2 Esslöffel Butterschmalz, z.B. Butaris
- ✓ 2 Esslöffel Tomatenmark
- ✓ 1 Esslöffel Mehl
- ✓ 2 Teelöffel Zucker
- ✓ Salz
- ✓ Pfeffer.

ZUBEREITUNG

Gesamtzeit ca. 45 Minuten.

1. Das Gulasch trocken tupfen (ggf. kleiner schneiden, Lammfleisch waschen).
2. Das Lammfleisch von den Knochen lösen. Das Lammfleisch in Würfel schneiden.
3. Die Zwiebeln schälen. Die Zwiebeln in Spalten schneiden.
4. Das Schmalz in einem Topf erhitzen und das Fleisch portionsweise bei starker Hitze anbraten, herausnehmen. Die Zwiebeln im Bratfett andünsten. Fleisch damit anbraten. Mit Salz und Pfeffer würzen.
5. Tomatenmark einrühren, kurz anbraten. Das Mehl darüber stäuben.
6. Das Bier mit der Brühe ablöschen und zum Kochen bringen.
7. Thymian und Lorbeerblätter von den Stängeln zupfen, mit Zucker bedeckt zum Gulasch geben und ca. 45 Minuten schmoren.
8. Die Möhren und Kartoffeln waschen. Karotten und Kartoffeln schälen, in kleine Stücke schneiden. Zum Fleisch geben, ggf. mit Wasser auffüllen und 30 Minuten kochen lassen.
9. Die Kräuter entfernen, mit Salz, Pfeffer und Zucker abschmecken.
10. Dazu schmeckt frisches Baguette

IRISCHES SCHWARZBROT.

ZUTATEN FÜR 1 PORTION.

- ✓ 600 g Mehl (grobes Weizenvollkornmehl)
- ✓ 180 g Mehl, weiß
- ✓ 2 Teelöffel Backpulver
- ✓ 1 Teelöffel Salz
- ✓ 1 Esslöffel Zucker, braun
- ✓ 2 Esslöffel Olivenöl
- ✓ 600 ml Buttermilch.

ZUBEREITUNG

Gesamtzeit ca. 20 Minuten.

1. Das Weißmehl und das Backpulver in eine Schüssel sieben. Dann das grobe Vollkornmehl, Salz und braunen Zucker hinzufügen und gut verrühren. Dann das Olivenöl und die Buttermilch hinzufügen und mit einem Holzlöffel 2 Minuten lang gut verrühren. Eine 1 kg schwere Backform leicht mit Öl einpinseln, den Teig einfüllen und im vorgeheizten Backofen bei 180 ° C auf der mittleren Schiene etwa 40 Minuten backen, bis er braun ist.

IRISCHES KARTOFFELFLADENBROT MIT WALNÜSSEN.

ZUTATEN FÜR 5 PORTIONEN.

- ✓ 1 kg Kartoffel, mehlig kochend
- ✓ 60 g Butter
- ✓ 200 g Mehl
- ✓ 5 Esslöffel Milch, je nach Kartoffelsorte
- ✓ Salz
- ✓ Thymian, frisch
- ✓ Muskatnuss
- ✓ 50 g Walnüsse, grob gehackt
- ✓ Butter - Flocken zum Backen.

ZUBEREITUNG

Gesamtzeit ca. 30 Minuten.

1. Die Kartoffeln waschen. Die Kartoffeln schälen. Schneiden Sie die Kartoffeln in Würfel und kochen Sie sie mit ein wenig Salz. Dann abgießen und durch eine Presse drücken oder pürieren. Leicht abkühlen lassen.
2. Butter, Mehl und Salz nach Geschmack unterrühren, dann so viel Milch hinzufügen, dass ein formbarer Teig entsteht. Den Teig mit bemehlten Händen zu 10 Kugeln formen, auf ein mit Backpapier ausgelegtes Backblech legen und flach drücken, so dass in der Mitte eine Mulde entsteht. Die Fladen sollten etwa 1 cm dick sein und einen Durchmesser von etwa 10 cm haben.
3. Die Fladenbrote mit Salz, Pfeffer, frisch geriebener Muskatnuss und Thymian bestreuen. Die grob gehackten Walnüsse darauf verteilen. Butterflöckchen darauf geben.
4. Im vorgeheizten Backofen bei 200 ° C etwa 30 Minuten goldbraun backen und heiß servieren.

IRISH GROG.

ZUTATEN FÜR 1 PORTION.

- ✓ 1 Teelöffel Zucker, braun
- ✓ 2 Esslöffel Orangensaft
- ✓ Wasser, kochend heiß
- ✓ 4 cl Whiskey, eher irisch
- ✓ 1 Orange, in dünne Scheiben geschnitten, zur Dekoration.

ZUBEREITUNG

Gesamtzeit ca. 5 Minuten.

1. Den Zucker mit dem Orangensaft in ein hohes hitzebeständiges Glas geben und das Glas zu ¾ mit kochend heißem Wasser füllen. Gut umrühren. Den Whiskey hinzufügen und erneut umrühren. Kurz ziehen lassen.
2. Mit der Orangenscheibe (vom Rand zur Mitte hin aufgeschnitten) garniert servieren).

IRISCHES KARTOFFELBROT.

ZUTATEN FÜR 1 PORTION.

- ✓ 220 g Kartoffelpüree
- ✓ 1 Teelöffel Salz, gestreut
- ✓ 2 Esslöffel Butter, geschmolzen
- ✓ 60 g Mehl.

ZUBEREITUNG

Gesamtzeit ca. 25 Minuten.

1. Den Backofen im Voraus auf 230 ° C vorheizen.
2. Die Kartoffeln mit Salz und Butter mischen. Dann das Mehl dazugeben und vorsichtig durchkneten - eventuell muss noch Mehl hinzugefügt werden.
3. Einen ca. 1,5 cm dicken Teigkreis ausrollen und etwa 6-8 Stücke auf Backpapier ausschneiden.
4. Den Teig auf dem Gitterrost goldbraun backen (alternativ auf einem großen Backblech, aber dann muss er gewendet werden, sobald er oben braun ist).
5. Dazu schmeckt frische Butter oder Kräuterquark.

ÜBERBACKENE IRISCHE STEAKS MIT GURKENSALAT.

ZUTATEN FÜR 2 PORTIONEN.

- ✓ 2 Rumpsteak, irisch, je ca. 300 g, ca. 3 cm dick
- ✓ 2 Knoblauchzehen
- ✓ 2 Esslöffel Olivenöl
- ✓ Salz und Pfeffer, schwarz
- ✓ 1 Zitrone, Schale davon
- ✓ 1 Teelöffel Senf, mittelscharf
- ✓ 2 Esslöffel Petersilie, frisch, gehackt
- ✓ 1 Esslöffel Dill, frisch, gehackt
- ✓ 3 Esslöffel gemahlene Mandeln
- ✓ 1 Salatgurke
- ✓ 150 g Joghurt, fettarm
- ✓ Cayennepfeffer
- ✓ Butterschmalz.

ZUBEREITUNG

Gesamtzeit ca. 39 Minuten.

1. Den Backofen auf 200 ° C Ober-/Unterhitze vorheizen.
2. Die Steaks mit kaltem Wasser abwaschen und abtrocknen, einige Male am Fettrand einschneiden, dabei nicht bis ins Fleisch schneiden.
3. Den Knoblauch schälen, zerdrücken und fein hacken. Mit Öl, Salz, grob gemahlenem schwarzen Pfeffer, geriebener Zitronenschale, Senf, der Hälfte der Petersilie, gemahlenen Mandeln und etwas Cayennepfeffer zu einer dicken Paste verrühren.
4. Butterschmalz in einer (Grill-)Pfanne erhitzen und die Steaks von beiden Seiten ca. 2 Minuten anbraten, dann mit Salz und Pfeffer würzen. In eine Auflaufform legen und das Mandelmus darauf verteilen. In der Mitte des Ofens ca. 10 Minuten backen.
5. Während der Wartezeit die Gurke schälen. Die Gurke in Stifte schneiden (ca. 0,5 cm). Den Joghurt mit Salz, Pfeffer, der restlichen Petersilie, dem Dill und etwas Cayennepfeffer verrühren.
6. Die Steaks auf leicht vorgewärmten Tellern anrichten und ca. 4 - 5 Minuten ruhen lassen. Dann das Joghurtdressing mit den Gurkenstiften mischen, abschmecken und zu den überbackenen Rindersteaks servieren.

IRISCHE ROSINENBRÖTCHEN.

ZUTATEN FÜR 12 PORTIONEN.

- ✓ 500 g Mehl (Weizenmehl)
- ✓ 1 Prise Salz
- ✓ ¼ Liter Milch
- ✓ 60 g Butter
- ✓ 1 Pck. Hefe, frisch
- ✓ 1 Eßl. Honig
- ✓ 1 Ei
- ✓ ½ Teelöffel Zimt
- ✓ ½ Teelöffel Muskatnuss
- ✓ 100 g Rosinen
- ✓ 1 Zitrone, die abgeriebene Schale
- ✓ 1 Schuss Whiskey.

ZUBEREITUNG

Gesamtzeit ca. 1 Stunde 15 Minuten.

1. Alle Zutaten zu einem Hefeteig kneten, den Teig gehen lassen. Den Teig nochmals gut durchkneten, eine Rolle formen, mit etwas Milch bestreichen. Auf ein gefettetes Backblech legen und nochmals gehen lassen. Im vorgeheizten Backofen bei 200 ° C ca. 20 Minuten backen.

IRISCHE KARTOFFELPFANNKUCHEN.

ZUTATEN FÜR 4 PORTIONEN.

- ✓ 225 g Kartoffeln, mehlig, geschält, gekocht und püriert
- ✓ 225 g Kartoffel, mehlig, geschält und gerieben
- ✓ 350 ml Milch oder Buttermilch
- ✓ 200 g Mehl
- ✓ 1 mittelgroßes Ei, sehr frisch und Zimmertemperatur
- ✓ 1 Teelöffel Backpulver
- ✓ Pfeffer, schwarz, gemahlen
- ✓ Salz
- ✓ Butter zum Braten.

ZUBEREITUNG

Gesamtzeit ca. 15 Minuten.

2. Alle Zutaten gut vermischen. Etwas Butter in einer Pfanne erhitzen. Esslöffelgroße Portionen in die Pfanne geben und bei nicht zu starker Hitze von jeder Seite etwa 3 Minuten goldbraun backen.
3. Heiß mit Apfelmus oder mit Blutwurst und Speck servieren.

IRISCHES KARTOFFELPÜREE.

ZUTATEN FÜR 4 PORTIONEN.

- ✓ 1 kg Pellkartoffeln, gekocht, geschält
- ✓ 200 ml Milch
- ✓ 3 Frühlingszwiebeln, geputzt, gewaschen und in feine Ringe geschnitten
- ✓ 85 g geschmolzene Butter
- ✓ Salz.

ZUBEREITUNG

Gesamtzeit ca. 20 Minuten.

1. Die Frühlingszwiebeln in die Milch geben und 5 Minuten erhitzen (nicht kochen).
2. Die Kartoffeln mit etwas Salz zerdrücken und nach und nach die Milch mit den Frühlingszwiebeln dazugeben. In vier Schüsseln füllen und in der Mitte eine Mulde bilden, in der die geschmolzene Butter gleichmäßig auf die 4 Portionen verteilt wird.
3. Mit einem Löffel essen, dabei etwas von dem Püree vom Rand abnehmen und vor dem Essen kurz in die Butter tauchen.

IRISCHE FRÜHSTÜCKSKARTOFFELKUCHEN.

ZUTATEN FÜR 4 PORTIONEN.

- ✓ 400 g Kartoffelpüree, frisch zubereitet
- ✓ 1 Esslöffel geschmolzene Butter
- ✓ 1 Esslöffel Mehl
- ✓ Butter, zum Braten
- ✓ Mehl zum Ausrollen
- ✓ Salz.

ZUBEREITUNG

Gesamtzeit ca. 15 Minuten.

1. Die Butter in das leicht abgekühlte Kartoffelpüree einrühren, das Mehl dazugeben, mit Salz würzen und auf einer bemehlten Fläche etwa 1 cm dick ausrollen. In Dreiecke schneiden und in Butter auf mittlerer Flamme von jeder Seite 3 Minuten goldgelb braten.
2. Mit Speck und Rührei servieren.

IRISCHE ROLLEN.

ZUTATEN FÜR 1 PORTION.

- ✓ ½ Liter Wasser
- ✓ 2 Esslöffel Speisestärke
- ✓ 42 g Hefe
- ✓ 2 Teelöffel Salz
- ✓ 600 g Mehl.

ZUBEREITUNG

Gesamtzeit ca. 1 Stunde 30 Minuten.

1. Etwa 400 ml Wasser und die Speisestärke in einem Topf verquirlen und unter ständigem Rühren zum Kochen bringen, dann wieder auf Handwärme abkühlen lassen. Das restliche Wasser lauwarm werden lassen, in eine Tasse gießen und die Hefe hineinbröckeln. Unter Rühren die Hefe darin auflösen.
2. Die aufgelöste Hefe, das mit Speisestärke angedickte Wasser und das Salz zusammen mit dem Mehl in eine große Schüssel geben. Alles zu einem glatten, geschmeidigen Teig verkneten.
3. Den Teig gut aufgehen lassen (etwa 30 Minuten). Dann daraus Brötchen formen und nochmals gehen lassen (ca. 15 Minuten). Im Backofen bei 200 ° C (Umluft) goldbraun backen.

IRISCHES KARTOFFELPÜREE MIT BRENNNESSELN.

ZUTATEN FÜR 4 PORTIONEN.

- ✓ 650 g Kartoffeln
- ✓ 1 Tasse Brennnessel, jung, gewaschen und fein gehackt
- ✓ 300 ml Milch
- ✓ Butter
- ✓ Salz
- ✓ Pfeffer, schwarz, frisch gemahlen.

ZUBEREITUNG

Gesamtzeit ca. 15 Minuten.

1. Die Brennnesseln 20 Minuten lang in der Milch köcheln lassen.
2. Die Kartoffeln in reichlich Salzwasser kochen, pellen und pürieren. Die gekochte Brennnessel-Milch-Mischung unter die Kartoffelmasse rühren, mit Salz und Pfeffer würzen, mit Butterflöckchen garnieren und heiß servieren.

IRISH SCONES.

ZUTATEN FÜR 4 PORTIONEN.

- ✓ 250 g Mehl
- ✓ ½ Teelöffel Backpulver
- ✓ 50 g Butter
- ✓ 150 ml Milch
- ✓ 1 Prise Salz.

ZUBEREITUNG

Gesamtzeit ca. 15 Minuten.

1. Das Mehl in eine Schüssel sieben und die Butter schnell und grob zerbröseln. Das Salz hinzufügen und nach und nach die Milch einrühren.
2. Die Hände mit Mehl bestäuben und den weichen Teig vorsichtig kneten, dabei nach Bedarf noch etwas Milch zugeben. Den Teig auf einem bemehlten Brett etwa fingerdick ausrollen. Schneiden Sie die Scones zügig aus, aber verziehen Sie den Teig nicht, sonst verformen sich die Scones beim Backen. Die Scones auf einem gefetteten Backblech im vorgeheizten Backofen 12-15 Minuten bei 220 Grad backen.
3. Scones immer frisch zubereiten, da sie schnell austrocknen.

Tipp: Für Fruchtzapfen einen Esslöffel Zucker und zwei Teelöffel Trockenfrüchte hinzufügen, bevor die Milch eingerührt wird.

ORIGINAL IRISCHE KEKSE.

ZUTATEN FÜR 1 PORTION.

- ✓ 150 g Sugar, brown
- ✓ 150 g sugar
- ✓ 250 g butter
- ✓ 2 Egg
- ✓ 370 g flour
- ✓ 300 g Chocolate, chopped
- ✓ 110 g Nuts, chopped.

ZUBEREITUNG

Gesamtzeit ca. 25 Minuten.

1. Beide Zuckerarten mit der Butter verrühren, Eier hinzufügen und weiterrühren. Langsam das Mehl hinzufügen und zum Schluss die Schokolade und die Nüsse einarbeiten. Die Masse zu einer Rolle formen. Die Rolle in ca. 5 mm dicke Scheiben schneiden. Auf ein gefettetes Backblech legen. Bei 170 ° C etwa 15-20 Minuten backen.

IRISCHES KARTOFFELPÜREE MIT ROTALGEN.

ZUTATEN FÜR 3 PORTIONEN.

- ✓ ½ kg Kartoffeln
- ✓ 25 g Algen (Rotalgen), getrocknet, 5 Minuten eingeweicht
- ✓ 250 ml Milch
- ✓ 100 g Butter
- ✓ Salz
- ✓ Pfeffer, schwarz, frisch gemahlen.

ZUBEREITUNG

Gesamtzeit ca. 15 Minuten.

1. Die Kartoffeln kochen, schälen und pürieren. Kurz bevor die Kartoffeln gar sind, die Rotalgen einweichen, mit Küchenpapier trocken tupfen und 3 Minuten in der Milch bei schwacher Hitze köcheln lassen und zusammen mit der Butter zu den Kartoffeln geben. Salzen und pfeffern und heiß servieren.

IRISCHE BAUERNBRÜHE.

ZUTATEN FÜR 6 PORTIONEN.

- ✓ 1 kg Rindfleisch (Suppenfleisch)
- ✓ 1 Tasse Erbsen, getrocknet
- ✓ 1 Tasse Gerste, gewaschen
- ✓ 2 Stangen Lauch, gewaschen und in kleine Stücke geschnitten
- ✓ 1 kleiner Kopf Weißkohl, gewaschen und in Streifen geschnitten
- ✓ 1 mittelgroßer Knollensellerie, grün, gewaschen und in kleine Stücke geschnitten
- ✓ 1 große Karotte, geschabt und gewürfelt
- ✓ 1 kleine Steckrübe, weiß, geschabt und gewürfelt
- ✓ 1 kg gekochte Kartoffeln oder Pellkartoffeln
- ✓ Pfeffer, schwarz, frisch gemahlen
- ✓ Salz.

ZUBEREITUNG

Gesamtzeit ca. 1 Tag 20 Minuten.

1. Erbsen 24 Stunden lang einweichen.
2. Alle Zutaten (außer den gekochten Kartoffeln) in einen Topf mit 3 Litern Wasser geben, mit Salz und Pfeffer würzen. Die Mischung etwa 3 Stunden lang köcheln lassen. Die Brühe ist fertig, wenn sich das Fleisch von den Knochen löst.
3. Das Fleisch portionsweise in Suppenschalen geben und in kleine Stücke schneiden, etwas Gemüse und Brühe sowie 2 oder 3 Kartoffeln dazugeben und servieren.

IRISCHE KONVENTIONSEIER.

ZUTATEN FÜR 4 PORTIONEN.

- ✓ 4 großes Ei, sehr frisch, hartgekocht
- ✓ 250 ml Milch
- ✓ 2 Esslöffel Butter, zum Braten
- ✓ 1 kleine Zwiebel, schälen und in kleine Würfel schneiden
- ✓ 2 Eßl. Mehl
- ✓ 4 Scheiben Toastbrot, in dicke Scheiben geschnitten und getoastet
- ✓ Cheddar-Käse, gerieben
- ✓ Salz
- ✓ Pfeffer, schwarz, gemahlen.

ZUBEREITUNG

Gesamtzeit ca. 15 Minuten.

1. Die Butter in einer Pfanne erhitzen. Die Zwiebel darin bei nicht zu starker Hitze glasieren. Das Mehl einrühren, die Milch dazugeben und unter ständigem Rühren zu einer Sauce kochen - mit Salz und Pfeffer abschmecken.
2. Die in 6 Scheiben geschnittenen Eier hinzufügen und kurz erhitzen.
3. Gleichmäßig auf dem Toast verteilen und mit Käse bestreut servieren.

IRISCHE KAFFEESAHNE.

ZUTATEN FÜR 6 PORTIONEN.

- ✓ 2 Ei
- ✓ ¼ Liter Kaffee, stärker
- ✓ 5 Eßl. Whiskey
- ✓ 1 Pck. Gelatine, weiß (6 Blatt)
- ✓ ¼ Liter Sahne
- ✓ 100 g Zucker
- ✓ Schokoladenstreusel oder Kaffeebohnen zum Verzieren.

ZUBEREITUNG

Gesamtzeit ca. 2 Stunden 20 Minuten.

1. Die Eier trennen. Eigelb mit Zucker verquirlen, Kaffee und Whiskey unterheben.
2. Die Gelatine einweichen, auflösen und nach und nach unterheben.
3. Das Eiweiß aufschlagen und die Sahne steif schlagen. Dann beides vorsichtig unter die Masse heben und kühl stellen.
4. Garnieren --- Fertig!

IRISCHE LAUCH-KARTOFFEL-SUPPE.

ZUTATEN FÜR 4 PORTIONEN.

- ✓ 2 Stange Lauch, in Ringe geschnitten
- ✓ 750 g Kartoffel, gewürfelt
- ✓ 3 Zwiebeln, fein gewürfelt
- ✓ 500 ml Gemüsebrühe
- ✓ 500 ml Milch
- ✓ 3 Esslöffel Haferflocken
- ✓ 2 Zehen Knoblauch, zerdrückt
- ✓ Salz und Pfeffer
- ✓ Schnittlauch zum Bestreuen
- ✓ Muskatnuss.

ZUBEREITUNG

Gesamtzeit ca. 30 Minuten.

1. Die Zwiebelstücke und Lauchringe anbraten. Die Kartoffelwürfel hinzufügen. Die Kartoffelwürfel braten, bis sie goldbraun sind. Haferflocken einrühren und etwa 1 Minute mitbraten.
2. Den Knoblauch dazugeben. Brühe und Milch einrühren und alles etwa 30 Minuten lang kochen lassen. Abschmecken und fertig!

IRISCHER STACHELBEERKUCHEN.

ZUTATEN FÜR 12 PORTIONEN.

- ✓ 1 Glas Beeren (Stachelbeeren)
- ✓ 5 Ei, einschließlich des Eigelbs
- ✓ 4 Ei, einschließlich des Eiweißes
- ✓ 50 g Rohrzucker
- ✓ 100 g Butter
- ✓ 3 cl Whiskey (Scotch)
- ✓ 150 g Mehl
- ✓ 225 g Zucker
- ✓ 75 g Mandeln, gehackt
- ✓ 1 Pck. Puddingpulver, Vanille
- ✓ 300 ml Sahne
- ✓ 1 Prise Salz
- ✓ 2 Teelöffel, gestrichen. Backpulver
- ✓ 1 Prise Zimt
- ✓ 3 Blatt Gelatine, weiß.

ZUBEREITUNG

Gesamtzeit ca. 1 Stunde 30 Minuten.

1. Die Butter mit dem Rohrzucker schaumig rühren. Salz, 2 cl Scotch und ein Eigelb nach dem anderen unterrühren, dann das mit Backpulver vermischte Mehl unterheben. Diese Mischung in zwei mit Pergamentpapier ausgelegte Springformen streichen.
2. Das Eiweiß mit 200 g Zucker zu sehr steifem Schnee schlagen, die gehackten Mandeln unterheben und dieses Mandelpulver auf die beiden mit Teig ausgelegten Springformen verteilen.
3. Die Böden auf der mittleren Schiene bei 160 ° C etwa 30 Minuten backen, dabei darauf achten, dass das Baiser keine Blasen wirft; ggf. mit einem Esslöffel nachdrücken.
4. Die Böden nach dem Backen auskühlen lassen.
5. Einen Tortenring um einen der Böden legen.
6. Den Saft der Stachelbeeren mit dem Puddingpulver andicken, mit Zimt würzen, dann die Beeren vorsichtig unterheben und alles auf dem Boden verteilen. Auskühlen lassen.
7. Die Sahne mit 1 cl Scotch und 25 g Zucker steif schlagen, die aufgelöste Gelatine unterheben und die Creme auf den Stachelbeeren verteilen.
8. Den anderen Boden auflegen.

IRISCHES SODABROT.

ZUTATEN FÜR 1 PORTION.

- ✓ 500 g Mehl (Weizenvollkornmehl)
- ✓ 500 ml Buttermilch
- ✓ 2 Teelöffel, gestrichenes Salz
- ✓ 2 Teelöffel, gestrichen Backpulver
- ✓ Eventuell Nüsse oder Kerne.

ZUBEREITUNG

Gesamtzeit ca. 10 Minuten.

1. Den Backofen auf 200 Grad vorheizen.
2. Das Mehl in eine Schüssel sieben. Die Kleie, die beim Sieben übrig geblieben ist, zu dem Mehl geben. Das Salz und das Backpulver unter das Mehl mischen. In der Mitte eine Vertiefung eindrücken. Gießen Sie die Buttermilch hinein. Die Zutaten mit den Händen rasch zu einem weichen, leicht klebrigen Teig verkneten (nicht zu lange). Bei Bedarf etwas mehr Mehl hinzufügen.
3. Den Teig zu einem runden Laib formen. Legen Sie ihn auf ein Backblech. Stellen Sie sicher, dass das Backblech mit Backpapier ausgelegt ist. Den Laib etwas flachdrücken und mit einem scharfen Messer ein Kreuz in die Mitte des Brotes schneiden. Backen Sie das Sodabrot 30-40 Minuten lang. Das Brot ist fertig, wenn es oben schön gebräunt ist und der Boden etwas hohl klingt.
4. Wenn du möchtest, kannst du verschiedene Kerne oder Nüsse in den Teig geben (z. B. je 40 g Sonnenblumenkerne, Kürbiskerne, Sesam- oder Haselnusskerne und Walnusskerne). Nach dem Kneten des Teigs die Kerne unterkneten und dann den runden Laib formen.

IRISH STOCKPOT.

ZUTATEN FÜR 4 PORTIONEN.

- ✓ 700 g Weißkohl
- ✓ 500 g Kartoffeln
- ✓ 350 g Champignons (Waldpilze oder Champignons)
- ✓ 2 Zwiebeln
- ✓ 20 g Butter
- ✓ Salz, oder Kräutersalz
- ✓ Pfeffer
- ✓ Kümmel
- ✓ 500 ml Wasser
- ✓ 2 Esslöffel Gemüsebrühe, instant
- ✓ 40 g Butterflöckchen
- ✓ Schnittlauch, in Röllchen.

ZUBEREITUNG

Gesamtzeit ca. 1 Stunde 10 Minuten.

1. Den Weißkohl in feine Scheiben schneiden, die Kartoffeln würfeln und die Pilze grob hacken. Die Zwiebeln in Scheiben schneiden und in Butter glasig dünsten.
2. Eine große, gut schließende Kasserolle mit Butter einfetten und Weißkohl, Kartoffeln, Champignons und Zwiebeln in dünnen Schichten aufschichten, bis das gesamte Gemüse aufgebraucht ist. Jede zweite oder dritte Schicht mit Salz, Pfeffer und Kümmel bestreuen.
3. Lösen Sie die Gemüsebrühe in warmem Wasser auf und gießen Sie sie über das Gemüse. Bei geschlossenem Topf und geringer Hitze 30-40 Minuten sanft köcheln lassen, ohne umzurühren. Vom Herd nehmen und Butterflöckchen darüber schmelzen.
4. Mit Schnittlauch bestreut servieren.

IRISCHES BUTTERMILCHBROT.

ZUTATEN FÜR 1 PORTION.

- ✓ 2 Teelöffel, gestrichen. Natriumbikarbonat
- ✓ 100 ml Wasser
- ✓ 2 Teelöffel Salz
- ✓ 200 ml Buttermilch
- ✓ 4 Esslöffel Apfelweinessig
- ✓ 100 g Weizenmehl (Vollkorn)
- ✓ 350 g Dinkelmehl (Vollkorn)
- ✓ Körner nach Belieben.

ZUBEREITUNG

Gesamtzeit ca. 15 Minuten.

1. Backpulver mit Wasser mischen. Salz und Buttermilch hinzufügen und alles verrühren. Den Essig einrühren (schäumt etwas).
2. Geben Sie beide Mehlsorten (Weizen- und Dinkelmehl) in eine Schüssel und gießen Sie die Flüssigkeit dazu. Jetzt können Sie nach Belieben Körner hinzufügen. Im Moment füge ich Leinsamen, Sonnenblumenkerne und Kürbiskerne hinzu (je 50 g).
3. Den Teig mit dem Knethaken gut durcharbeiten (es sind keine Ruhezeiten erforderlich). Den Teig zu einem Laib formen. Den Laib auf ein bemehltes Backblech legen, mit Mehl bestäuben und ein paar Mal einschneiden.
4. Das Brot in den Ofen schieben. Das Brot bei 180 ° C etwa 45 Minuten lang backen.

IRISCHES RÜHREI MIT GERÄUCHERTEM WILDLACHS.

ZUTATEN FÜR 4 PORTIONEN.

- ✓ 6 großes Ei, sehr frisch und bei Zimmertemperatur
- ✓ 150 g Lachs (Wildlachs), geräuchert
- ✓ 4 Esslöffel Milch
- ✓ 4 Esslöffel Sahne
- ✓ 2 Esslöffel Schnittlauch gewaschen und fein gehackt
- ✓ 40 g Butter
- ✓ Salz
- ✓ Pfeffer, schwarz, gemahlen
- ✓ 8 Scheiben Toastbrot, frisch getoastet
- ✓ Butter, zum Bestreichen.

ZUBEREITUNG

Gesamtzeit ca. 15 Minuten.

1. Die Eier und die Milch in einer Schüssel mischen: salzen und pfeffern.
2. Die Butter in einer großen Pfanne auf mittlerer Flamme erhitzen und die Eimischung hinzufügen. Langsam mit einem Holzlöffel verrühren, bis die Masse fest geworden ist. Vom Herd nehmen und den in dünne Streifen geschnittenen Lachs, den Schnittlauch und die Sahne unterheben.
3. Das Toastbrot mit Butter bestreichen und mit dem Rührei auf vorgewärmten Tellern anrichten.

IRISH CRUMBLE.

ZUTATEN FÜR 4 PORTIONEN.

- ✓ 5 mittelgroße Äpfel
- ✓ 2 Banane
- ✓ 400 g Haferflocken
- ✓ 200 g Butter
- ✓ 2 Esslöffel Zucker, braun.

ZUBEREITUNG

Gesamtzeit ca. 15 Minuten.

1. Die Äpfel und Bananen schälen. Äpfel in Spalten, Bananen in Scheiben schneiden. Die Auflaufform einfetten. Die Äpfel und Bananen schichten. Die Butter in einem Topf schmelzen, dann die Haferflocken und den Zucker einrühren. Alles über die Äpfel und Bananen geben - bei 200°C 20 Minuten backen.
2. Saure Sahne oder Joghurt schmeckt gut dazu.

IRISCHER APFELKUCHEN.

ZUTATEN FÜR 1 PORTION.

- ✓ 500 g Äpfel
- ✓ 5 Esslöffel Whiskey, irisch
- ✓ 180 g Butter
- ✓ 125 g Zucker, braun
- ✓ 3 Ei
- ✓ 180 g Mehl
- ✓ 1 Prise Salz
- ✓ 2 Teelöffel Backpulver
- ✓ Puderzucker zum Bestreuen
- ✓ Fett und Mehl für die Form.

ZUBEREITUNG

Gesamtzeit ca. 1 Stunde 5 Minuten.

1. Die Äpfel schälen, vierteln und in dünne Scheiben schneiden. Dann mit dem Whiskey beträufeln und eine halbe Stunde ziehen lassen.
2. In der Zwischenzeit die Butter, den Zucker und die Eier schaumig schlagen. Dann das Mehl, Salz und Backpulver unterrühren. Die Äpfel unter den Teig rühren. Eine Kuchenform (oder Springform) einfetten und bemehlen und den Teig hineingeben.
3. Im heißen Ofen bei 220 ° C Ober-/Unterhitze 45 Minuten backen. Wenn der Kuchen nach der Hälfte der Backzeit schon ganz braun ist, dann mit Alufolie abdecken. Auskühlen lassen und mit Puderzucker bestäuben.
4. Schmeckt auch sehr gut mit Birnen.

IRISCHER NUSSBRATEN.

ZUTATEN FÜR 6 PORTIONEN.

Für den Teig:

- ✓ 1 dicke Zwiebel, fein gewürfelt
- ✓ 3 Knoblauchzehen, fein gehackt
- ✓ 1 Esslöffel Margarine oder Alsan (oder Butter, wenn es nicht vegan sein muss)
- ✓ 200 g Champignons, fein gewürfelt
- ✓ 400 g Nüsse, gemischt, oder Mandeln, gemahlen
- ✓ 3 mittelgroße Kartoffeln, gekocht und püriert
- ✓ 3 Scheiben Toast, entrindet und zerrissen
- ✓ 80 ml Rotwein, hochwertig, vegan
- ✓ 80 ml Gemüsebrühe, stark
- ✓ 4 Esslöffel Sojamehl oder 4 Eier, wenn es nicht vegan sein muss
- ✓ Salz und Pfeffer
- ✓ Currypulver
- ✓ 1 Handvoll Petersilie, frisch, gehackt.

Außerdem:

- ✓ 275 g Blätterteig, ausgerollt, vegan
- ✓ 2 Esslöffel Reismilch (Reisdrink) oder Soja-Haselnussmilch; wahlweise 1 Ei.

ZUBEREITUNG

Gesamtzeit ca. 1 Stunde 30 Minuten.

1. Zuerst die Zwiebel mit dem Knoblauch in der Margarine anbraten. Die Champignons hinzufügen und mitbraten.
2. In einer anderen Schüssel die anderen Zutaten, außer dem Blätterteig und der Reismilch, mit einer Gabel gut vermischen. Den Inhalt der Pfanne dazugeben und alles zu einem Teig verarbeiten.
3. Den Teig in eine mit Pergamentpapier ausgelegte Kastenform der Größe 30 füllen, glatt streichen und im vorgeheizten Backofen bei 180 ° C Ober-/Unterhitze ca. 50 Minuten backen.
4. Nehmen Sie den Braten aus der Form. Lassen Sie ihn abkühlen, bis er lauwarm ist. Dann den Braten mit der glatten Seite nach oben in den Blätterteig wickeln. Mit einem Apfelausstecher oder einem ähnlichen Gerät vorsichtig zwei Löcher in die Oberfläche bohren, damit die Luft entweichen kann. Falls nötig, mit einem Blätterteigrest dekorieren. Den Blätterteig mit Reismilch (oder Ei) bestreichen und erneut für ca. 15 Minuten in den vorgeheizten Backofen bei 200 ° C geben.
5. Auch Kartoffelklöße, Rotkohl, vegetarische Soße und mit Preiselbeeren gefüllte Birnenhälften schmecken hervorragend.

Tipp: Sie können den Braten auch ohne Blätterteig zubereiten. Allerdings sieht er mit Blätterteig festlicher aus.

IRISCHE OMELETTE.

ZUTATEN FÜR 2 PORTIONEN.

- ✓ 4 großes Ei, sehr frisch und zimmerwarm
- ✓ 1 große Kartoffel, gekocht, geschält und püriert
- ✓ 20 g Butter zum Braten
- ✓ 1 Esslöffel Schnittlauch, gewaschen und fein gehackt
- ✓ Zitronensaft
- ✓ Pfeffer, schwarz, gemahlen
- ✓ Salz.

ZUBEREITUNG.

Gesamtzeit ca. 20 Minuten.

1. Trennen Sie die Eier. Das Eigelb mit den Kartoffeln, dem Schnittlauch, dem Zitronensaft, dem Salz und dem Pfeffer gut vermischen. Das Eiweiß aufschlagen und vorsichtig unterheben. Die Butter in einer großen, feuerfesten Pfanne erhitzen und die Eimasse bei mittlerer Hitze etwa 4 Minuten goldbraun braten. Kurz unter einem Grill goldbraun werden lassen.

IRISCHER FRÜCHTEKUCHEN.

ZUTATEN FÜR 4 PORTIONEN.

- ✓ 150 g Butter
- ✓ 125 g Zucker
- ✓ 1 Pck. Vanillezucker
- ✓ 1 Prise Salz
- ✓ 3 Ei
- ✓ 2 Esslöffel Whiskey
- ✓ 100 g Marzipan
- ✓ 200 g Mehl (Weizenmehl)
- ✓ ½ Teelöffel Backpulver
- ✓ 50 g Mandeln
- ✓ 50 g Sultaninen
- ✓ 50 g Johannisbeeren
- ✓ 50 g Kirschen, kandiert
- ✓ 50 g Orangenschalen
- ✓ 50 g Zitronenschale
- ✓ 200 g Puderzucker
- ✓ 2 Esslöffel Whiskey.

ZUBEREITUNG

Gesamtzeit ca. 30 Minuten.

1. Zunächst die Butter mit den Schneebesen eines Handrührgeräts sehr schaumig schlagen. Dann den Zucker, den Vanillezucker, die Eier und das Salz dazugeben und so lange weiterrühren, bis die Eier ihre gelbe Farbe verloren haben. Nun die Marzipanmasse zerbröseln, zusammen mit dem Whiskey zu der Schaummasse geben und unterrühren.
2. Nun den Backofen auf 180 ° (Ober-/Unterhitze) vorheizen. Dann das Mehl und das Backpulver mit einem Schneebesen vermischen und damit unter die Butter-Ei-Masse heben. Die gehackten Früchte, Rosinen, Korinthen und Mandeln dazugeben und gut vermischen.
3. Schließlich den Teig in eine gefettete und mit Pergamentpapier ausgelegte Kastenform füllen und auf der mittleren Schiene etwa 60-70 Minuten backen.
4. Für die Glasur. Den Puderzucker und den Whiskey mischen. Den Kuchen damit bestreichen, solange er noch warm ist.

IRISCHES TEEGEBÄCK.

ZUTATEN FÜR 1 PORTION.

- ✓ 2 Ei
- ✓ 80 g Zucker (vorzugsweise granulierter Rohrzucker oder brauner Rohrzucker)
- ✓ 160 g Butter
- ✓ 1 Prise Salz
- ✓ Orangen- oder Zitronenschalen, frisch gerieben
- ✓ 200 g Mandeln, gemahlen
- ✓ 250 g Mehl
- ✓ Mandeln, gemahlen oder Mehl, für die Arbeitsfläche.

ZUBEREITUNG

Gesamtzeit ca. 1 Stunde 50 Minuten.

1. Zuerst die Butter, den Zucker und die Eier schaumig rühren, dann die Orangenschale und das Salz hinzufügen. Dann das Mehl und die Mandeln unterrühren und zu einem gleichmäßigen Teig kneten. Den Teig eine Stunde lang kühl stellen.
2. 2. Die Arbeitsfläche mit gemahlenen Mandeln oder Mehl bestreuen und den Teig zu Rollen formen. Dann in ca. 5 mm dicke Scheiben schneiden. Die Scheiben auf das Backblech legen. 13-15 Minuten bei ca. 170 ° C.

Tipp: Schneiden Sie mit einem nassen Messer, damit der Teig nicht an der Klinge kleben bleibt.

IRISCHER KAFFEE.

ZUTATEN FÜR 4 PORTIONEN.

- ✓ 4 Tasse Kaffee, stärker
- ✓ 1 Tasse Sahne
- ✓ 4 Esslöffel Zucker oder Rohrzucker
- ✓ 8 cl Whiskey, eher irisch
- ✓ Kakaopulver.

ZUBEREITUNG

Gesamtzeit ca. 10 Minuten.

1. Zur Vorbereitung Kaffee kochen, der ziemlich stark sein sollte. Die Sahne leicht aufschlagen (sie darf nicht steif sein). Den Zucker in 4 Irish-Coffee-Gläser gießen, dann den Whiskey hinzufügen.
2. Füllen Sie die Gläser zu etwa 3/4 mit heißem Kaffee und gießen Sie vorsichtig die Sahne darüber. Nicht umrühren! Mit ein wenig Kakaopulver bestäubt servieren.

IRISH MONK.

ZUTATEN FÜR 1 PORTION.

- ✓ 30 ml Likör (Frangelico-Haselnuss-Likör)
- ✓ 60 ml Baileys Irish Cream
- ✓ Schokolade, heiß
- ✓ Schlagsahne.

ZUBEREITUNG

Gesamtzeit ca. 5 Minuten.

1. Die Liköre in eine Kaffeetasse geben, mit heißer Schokolade auffüllen und mit Schlagsahne servieren.

IRISCHE BANANENTORTE.

ZUTATEN FÜR 12 PORTIONEN.

- ✓ 300 g Mürbegebäck
- ✓ 3 Banane
- ✓ 200 g Sahne
- ✓ 125 g Butter
- ✓ 1 Pck. Sahnepulver (Paradies-Sahne-Karamell-Geschmack)
- ✓ 1 Pck. Vanillezucker
- ✓ 250 ml Milch
- ✓ Schokoladenstreusel zum Garnieren.

ZUBEREITUNG

Gesamtzeit ca. 1 Stunde 30 Minuten.

1. Die Butter in einem kleinen Topf schmelzen. Die Kekse in kleine Stücke zerbröseln (am besten mit einem Fleischklopfer), in einen Tortenring geben und die erhitzte Butter darüber gießen. Einen Boden formen und diesen mindestens eine halbe Stunde im Kühlschrank abkühlen lassen.
2. In der Zwischenzeit die Paradiescreme nach den Anweisungen auf der Packung zubereiten und die Bananen in Scheiben schneiden.
3. Die Bananenscheiben auf dem Biskuitboden verteilen, den Karamellpudding auf den Bananen verteilen. Die Bananenscheiben für eine halbe Stunde in den Kühlschrank stellen.
4. Nun die Sahne mit dem Vanillezucker steif schlagen und auf die Karamellcreme streichen. Die Torte in den Kühlschrank stellen und bis zum Verzehr abkühlen lassen. Vor dem Verzehr mit Schokoladenstreuseln dekorieren.

KARTOFFELFARL.

ZUTATEN FÜR 4 PORTIONEN.

- ✓ 1 kg Kartoffel, frisch zubereitet mit Kartoffelpüree
- ✓ 125 g Weizenmehl
- ✓ 2 Esslöffel Butter
- ✓ Salz
- ✓ Schmalz, zum Braten.

ZUBEREITUNG

Gesamtzeit ca. 20 Minuten.

1. Die Butter und das Mehl mit ein wenig Salz in die Kartoffeln einarbeiten.
2. Die Hälfte des Teigs auf einer bemehlten Fläche rund ausrollen, so dass er die Größe eines Tellers hat. In vier Teile schneiden und jeden Teil in etwas Schmalz etwa drei Minuten auf jeder Seite braten, bis die Farls leicht gebräunt sind.
3. Die Farls können allein mit Butter und/oder Käse, mit gebackenen Bohnen oder als Teil eines Ulster Fry (gebratener Speck, Würstchen, Ei, Tomaten und Pilze) gegessen werden).

IRISCHE MÖHREN - ROTALGEN - BROT.

ZUTATEN FÜR 1 PORTION.

- ✓ 250 g Mehl, weiß, gesiebt
- ✓ 100 g geschmolzene Butter
- ✓ 4 mittelgroße Eier, sehr frisch und zimmerwarm
- ✓ 50 g Puderzucker, gesiebt
- ✓ 1 große Karotte, geschabt und fein gerieben
- ✓ 25 g Algen (Rotalgen), getrocknet
- ✓ ½ Teelöffel Backpulver, gesiebt.

ZUBEREITUNG

Gesamtzeit ca. 15 Minuten.

1. Rotalgen 5 Minuten in Wasser einweichen, mit Küchenpapier trocknen und fein hacken.
2. Alle Zutaten in einer Schüssel mischen (Mehl und Backpulver zuletzt dazugeben). In eine gebutterte Backform geben. Bei 140 ° C etwa 50 Minuten backen.
3. Mit einem Spieß prüfen, ob das Brot fertig ist. Wenn kein Teig am Spieß kleben bleibt, ist das Brot fertig.

IRISCHER BROMBEERPUDDING.

ZUTATEN FÜR 4 PORTIONEN.

- ✓ 250 g Brombeeren
- ✓ 50 g Zucker
- ✓ ½ Zitrone, Saft davon
- ✓ 8 g Gelatine (Pulver)
- ✓ 70 ml Sahne
- ✓ 1 Eiweiß.

ZUBEREITUNG

Gesamtzeit ca. 30 Minuten.

1. Die Brombeeren waschen. Mit Zucker und Zitronensaft aufkochen und 10 Minuten bei schwacher Hitze köcheln lassen.
2. Abkühlen lassen. Durch ein feines Sieb in eine Schüssel abseihen. Die Gelatine in einer Tasse mit 2 Esslöffeln Wasser verrühren und 5 Minuten quellen lassen. Dann in einem heißen Wasserbad rühren, bis sie sich aufgelöst hat. Die Gelatine langsam unter Rühren mit den Brombeeren vermischen. Die Sahne und das Eiweiß steif schlagen. Wenn das Brombeerpüree zu gelieren beginnt, erst die Sahne, dann das Eiweiß unterheben.
3. In Dessertschalen füllen und mehrere Stunden in den Kühlschrank stellen. Mit Schlagsahne und ganzen Brombeeren garniert servieren.

SPAGHETTI CARBONARA.

ZUTATEN FÜR 6 PORTIONEN.

- ✓ 1 Esslöffel Öl
- ✓ 500 g Nudeln (Spaghetti)
- ✓ Petersilie, frisch zum Garnieren.

Für die Sauce:

- ✓ 1 Esslöffel Butter
- ✓ 4 Scheiben Bacon, Frühstücksspeck (in kleine Stücke geschnitten)
- ✓ 300 ml Sahne
- ✓ 2 Esslöffel Parmesan
- ✓ 4 Eigelb.

ZUBEREITUNG

Gesamtzeit ca. 10 Minuten

So bereiten Sie die Sauce zu:

1. Die Butter in einem Wok schmelzen. Den Speck in der Butter auslassen, bis er braun wird. Mit der Sahne aufgießen und zum Kochen bringen. Die Hitze ein wenig reduzieren. Den Parmesankäse einrühren. Weitere 2 Minuten köcheln lassen. Den Wok vom Herd nehmen und die Eigelbe einrühren.
2. Die Carbonara für einen Moment beiseite stellen.

Die Nudeln:

3. Einen großen Kochtopf mit Wasser und Öl zum Kochen bringen. Die Spaghetti hinzufügen und bissfest kochen. Abgießen.
4. Die Soße und die Nudeln gut vermischen, mit etwas Petersilie bestreuen und servieren.
5. Guten Appetit

IRISCHES HAFERBROT.

ZUTATEN FÜR 4 PORTIONEN.

- ✓ 500 g Haferflocken, körnig, gemahlen
- ✓ 500 g Weizenmehl (Typ 550)
- ✓ 2 Beutel Weinsteinbackpulver
- ✓ 4 Teelöffel Salz (Himalayasalz)
- ✓ 2 Teelöffel Rohrzucker
- ✓ 750 ml Wasser
- ✓ 4 Esslöffel Rapsöl.

ZUBEREITUNG

Gesamtzeit ca. 1 Stunde 15 Minuten.

1. Alle Zutaten nacheinander in eine Schüssel geben und mit dem Handrührgerät zu einem Teig verkneten. In eine große, mit Backpapier ausgelegte Backform geben (bei Broten über 1000 g) und bei 165 ° C Ober-/Unterhitze 70 Minuten backen.

RINDFLEISCH-KARTOFFEL-EINTOPF NACH IRISCHER ART.

ZUTATEN FÜR 8 PORTIONEN.

- ✓ 1 kg Rindfleisch, Brust, oder Gulasch
- ✓ 400 g Kartoffeln
- ✓ 1 kg Weißkohl
- ✓ 3 große Karotten
- ✓ 1 Bund Frühlingszwiebeln
- ✓ 2 große Zwiebeln
- ✓ 2 Zehen Knoblauch
- ✓ 1 ½ Liter Brühe
- ✓ 1 große Kartoffel
- ✓ Salz und Pfeffer
- ✓ Thymian
- ✓ Kümmel.

ZUBEREITUNG

Gesamtzeit ca. 2 Stunden 30 Minuten.

1. Die grob gewürfelte Zwiebel und den Knoblauch in einer großen Pfanne mit Öl anbraten. Das Rindfleisch in große Würfel schneiden und dazugeben. Etwas salzen und pfeffern und mit reichlich Brühe bedecken.
2. Etwa 90 Minuten auf sehr niedriger Stufe sanft köcheln lassen. Gelegentlich umrühren. In der Zwischenzeit die Möhren schälen. Die Kartoffeln schälen. Die Möhren und Kartoffeln in große Würfel und Scheiben schneiden. Den Weißkohl putzen und grob in mundgerechte Stücke schneiden.
3. Nach 90 Minuten das Gemüse, den Kümmel und den Thymian zugeben und weitere 20 bis 30 Minuten kochen, bis alles schön weich ist. Bei Bedarf noch etwas Brühe nachgießen.
4. Gut würzen und zum Schluss die letzte fein geriebene Kartoffel zum Andicken hinzugeben und noch einmal aufkochen lassen.
5. Mit Petersilie bestreuen und heiß servieren.

IRISCHER KARTOFFEL-LAUCH-EINTOPF.

ZUTATEN FÜR 4 PORTIONEN.

- ✓ 500 g Kartoffeln
- ✓ 300 g Lauch, in Ringe geschnitten
- ✓ 2 Gemüsezwiebeln
- ✓ 1 Zehe Knoblauch
- ✓ Wasser
- ✓ Milch
- ✓ 2 Esslöffel Gemüsebrühe, Instant
- ✓ Einige Stängel Schnittlauch
- ✓ 7 Blätter Petersilie
- ✓ 5 Blätter Lavage
- ✓ Muskatnuss
- ✓ Salz und Pfeffer
- ✓ Öl oder anderes Fett.

ZUBEREITUNG

Gesamtzeit ca. 35 Minuten.

1. Die Kartoffeln schälen. Die Kartoffeln in Würfel schneiden. Die Zwiebeln fein würfeln. Die Zwiebeln in einer Pfanne mit Fett anbraten, bis sie glasig und weich sind. Den Knoblauch pressen und bei schwacher Hitze leicht anschwitzen.
2. Alles in einen hohen Kochtopf geben, die Kartoffelwürfel und den Lauch hinzufügen. Mit Wasser aufgießen; es sollte den Inhalt des Topfes gut bedecken. Das Brühepulver und die oben genannten Kräuter und Gewürze, außer Muskatnuss, je nach Geschmack in den Topf geben und alles zum Kochen bringen. Nach etwa 20 Minuten sollten der Lauch und die Kartoffeln durchgegart sein.
3. Nun je nach Wasserstand mit Milch auffüllen. Da es sich nicht um eine "dünne" Suppe, sondern eher um einen Eintopf handelt, sollten Sie mit der Milch nicht zu großzügig sein. Der Inhalt des Topfes sollte gut bedeckt sein. Umrühren und aufwärmen - nicht mehr kochen.
4. Nochmals abschmecken, und wenn der Eintopf zu fade ist, mit Salz nachwürzen. Auf jeden Fall pfeffern und zur Abrundung, nie zu dominant, etwas Muskatnuss hinzufügen.
5. Das passt gut dazu: Toastbrot, das nach dem Toasten noch warm ist, mit Butter bestreichen und mit einer geschnittenen Knoblauchzehe mit der Schnittkante "bestreichen", dann etwas Salz darüber streuen.

KARTOFFELKUCHEN.

ZUTATEN FÜR 4 PORTIONEN.

- ✓ 800 g Kartoffeln, mehlig oder vorwiegend festkochend
- ✓ 150 g Mehl
- ✓ 100 g Butter
- ✓ 4 Esslöffel Milch
- ✓ Salz und Pfeffer
- ✓ Thymian, getrocknet
- ✓ Eventuell Kümmel.

ZUBEREITUNG

Gesamtzeit ca. 40 Minuten.

1. Die Kartoffeln schälen. Die Kartoffeln in Salzwasser weich kochen. Das Wasser abgießen und die Kartoffeln pürieren.
2. Den Backofen auf 200 ° C vorheizen.
3. Nun die Butter auf die heiße Kartoffelmasse geben, dann das Mehl, die Milch und ein wenig Salz und Pfeffer hinzufügen.
4. Alles mit einem Holzlöffel vermengen und den Knödel auf die bemehlte Arbeitsfläche legen.
5. Den Teig kurz mit den Händen bearbeiten und in 12 Portionen teilen, den Teig zu Kugeln rollen. Die Kugeln auf ein mit Backpapier ausgelegtes Backblech legen und zu 1 cm dicken Fladen drücken.
6. Die Fladen mit dem Thymian bestreuen, etwas andrücken und im Ofen ca. 40 Minuten goldbraun backen. Wenn Sie möchten, können Sie auch Kümmel zum Bestreuen verwenden.

IRISCHER WHISKEY-FRUCHTKUCHEN.

ZUTATEN FÜR 12 PORTIONEN.

- ✓ 750 g Früchte, gemischt, getrocknet, nach Belieben
- ✓ 75 g Mandeln, zerkleinert
- ✓ 1 Zitrone, unbehandelt (Saft und Schale)
- ✓ 225 g Butter
- ✓ 4 mittelgroße Eier
- ✓ 50 g Kirschen (Amarenakirschen)
- ✓ 250 ml Whiskey, irisch
- ✓ 2 Teelöffel Lebkuchengewürz
- ✓ 225 g Zucker, braun
- ✓ 300 g Mehl (Weizenmehl).

ZUBEREITUNG

Gesamtzeit ca. 1 Tag 1 Stunde.

1. Die Trockenfrüchte mit den Kirschen, den Mandeln, dem Zitronensaft, der Zitronenschale und der Hälfte des Whiskeys mischen und über Nacht zugedeckt stehen lassen.
2. Am nächsten Tag eine Kastenkuchenform mit Backpapier auslegen. Die Butter mit den Eiern schaumig schlagen (die Eier nacheinander dazugeben und gut verrühren). Dann das gesiebte Mehl mit den vorbereiteten Früchten mischen und unter die schaumige Butter-Eier-Mischung rühren. Das Ganze in die vorbereitete Backform geben und 1,5 bis 2 Stunden bei 170 ° C backen, bis sich eine Nadel sauber aus dem Teig ziehen lässt. Die Backform abkühlen lassen und die andere Hälfte des Whiskeys über den gebackenen Kuchen gießen. Mit Frischhaltefolie abdecken und (leider) 1 bis 2 Wochen vor dem Anschneiden warten.

MEERESFRÜCHTE-CHEDDAR.

ZUTATEN FÜR 4 PORTIONEN.

- ✓ 200 g Muschelfleisch (Miesmuschelfleisch)
- ✓ 200 g Lachsfilet
- ✓ 100 g Nordseekrabben, ausrangiert
- ✓ 200 g Fischfilet, fest, weiß (z. B. Kabeljau, Seelachs, Viktoriabarsch ...)
- ✓ 100 g Speck, mager, fein gewürfelt
- ✓ 3 Esslöffel Fischsauce oder Austernsauce
- ✓ 4 mittelgroße Kartoffeln
- ✓ 2 mittelgroße Zwiebeln
- ✓ 40 g Butter
- ✓ 4 Stangen Staudensellerie
- ✓ 1 kleine Karotte
- ✓ 1,2 Liter Gemüsebrühe oder Hühnerbrühe
- ✓ ¼ Liter Weißwein, trocken
- ✓ 300 ml Schlagsahne
- ✓ 120 g Mehl
- ✓ ½ Bund Petersilie
- ✓ 1 Eßl. Thymian, getrocknet
- ✓ Salz und Pfeffer
- ✓ 1 Lorbeerblatt
- ✓ Muskatnuss.

ZUBEREITUNG

Gesamtzeit ca. 1 Stunde 30 Minuten.

1. Den Staudensellerie waschen. Die Selleriestangen in dünne Scheiben schneiden. Die Karotte schälen und in feine Streifen schneiden. Die Zwiebeln fein würfeln. Die Kartoffeln schälen und grob würfeln. Die Petersilie waschen und grob hacken.
2. Das Fischfilet in ca. 2 x 2 cm große Würfel schneiden. Das Muschelfleisch und ggf. das Wasser abseihen. Muschelfleisch aus dem Glas schmeckt sauer, aber durch Wässern wird der Geschmack verbessert.
3. In einem großen Topf bei mittlerer Hitze den Speck unter Rühren leicht bräunen lassen, ohne Fett hinzuzufügen. Die Butter dazugeben und schmelzen lassen. Zwiebel, Sellerie und Karotte darin glasig dünsten. Etwa 2/3 (800 ml) der Brühe und die Kartoffeln, das Lorbeerblatt und den Thymian zugeben und bei mittlerer Hitze 20 Minuten kochen.
4. Nach der Kochzeit das Mehl in eine Schüssel geben und langsam die restliche Brühe (400 ml) unter ständigem Rühren mit dem Schneebesen zugeben, so dass keine Klumpen mehr vorhanden sind. Die Hitze reduzieren und die Mehlbrühe in die Suppe geben, zum Kochen bringen und eindicken lassen.
5. Falls nötig, das Muschelfleisch etwas ausdrücken, damit das Wasser entweicht. Nun den Lachs, den Weißfisch, die Krabben und Muscheln, den Wein und die Petersilie vorsichtig in die Suppe geben, kurz umrühren und etwa 10 Minuten bei schwacher Hitze köcheln lassen.
6. Die Schlagsahne und die Austern- oder Fischsauce dazugeben, mit Salz, Pfeffer und Muskatnuss abschmecken und nochmals aufkochen lassen.

NUDELAUFLAUF MIT BOLOGNESE.

ZUTATEN FÜR 6 PORTIONEN.

- ✓ 500 g Nudeln, z.B. Spirelli, Fusilli, Hörnchen
- ✓ 500 g Hackfleisch
- ✓ 500 g passierte Tomate
- ✓ 100 g gekochter Schinken, gewürfelt
- ✓ 400 ml Sahne
- ✓ 15 Kirschtomaten (Strauchtomaten)
- ✓ 100 ml Branntwein
- ✓ 200 g Mozzarella, gerieben
- ✓ 30 g Parmesan, gerieben
- ✓ Gemüsebrühe, Instant
- ✓ 2 kleine Zwiebeln
- ✓ 2 kleine Knoblauchzehen
- ✓ 1 Ei
- ✓ 30 g Butter, irisch
- ✓ Salz und Pfeffer
- ✓ Gewürzsalz
- ✓ Muskatnuss
- ✓ Pizzagewürz
- ✓ Olivenöl.

ZUBEREITUNG

Gesamtzeit ca. 1 Stunde.

1. Die Nudeln in Salzwasser 8 Minuten (oder nach Packungsanweisung) bissfest kochen. Dann abseihen und mit der Butter vermischen.
2. Die Sahne mit Salz, Pfeffer, Muskatnuss, Pizzagewürz und Ei verrühren.
3. Die Tomaten halbieren. Die Zwiebeln würfeln. Den Knoblauch in kleine Stücke schneiden.
4. Den Backofen auf 200 ° C Ober- und Unterhitze vorheizen.
5. Braten Sie das Hackfleisch in etwas Olivenöl an. Dann Zwiebeln, Knoblauch, Salz, Kräutersalz und Pfeffer dazugeben. Ein wenig weiter braten. Mit dem Tomatenpüree und dem Weinbrand ablöschen. Mit Instantbrühe ablöschen und auflösen lassen.
6. Die Nudeln schichtweise mit Tomaten, Schinkenwürfeln, Fleischsauce, Mozzarella und etwas Parmesan in eine geeignete, mit Butter eingefettete Auflaufform geben. Die gewürzte Sahne darüber gießen und auf der untersten Schiene 25 - 30 Minuten backen.

COLCANNON.

ZUTATEN FÜR 4 PORTIONEN.

- ✓ 600 g Kartoffel, mehlig kochend
- ✓ Salzwasser
- ✓ 400 g Wirsing
- ✓ 150 g Champignons
- ✓ ¼ Knolle Fenchel
- ✓ 4 Frühlingszwiebeln
- ✓ 60 g Margarine, vegan (z.B. Alsan)
- ✓ 50 ml Sahne, vegan (Hafersahne)
- ✓ Salz und Pfeffer
- ✓ Muskatnuss, frisch gerieben
- ✓ 1 Handvoll Petersilie.

ZUBEREITUNG

Gesamtzeit ca. 45 Minuten.

1. Die Kartoffeln schälen. Die Kartoffeln vierteln. Die Kartoffeln etwa 20 Minuten in Salzwasser kochen. Dann abgießen und grob zerdrücken.
2. In der Zwischenzeit Wirsing und Fenchel in feine Streifen schneiden, ca. 10 Minuten in Wasser kochen und in einem Sieb abtropfen lassen.
3. Die Champignons grob hacken, die Frühlingszwiebeln in feine Ringe schneiden. Die Petersilie hacken.
4. 1 EL Alsan in einem Topf erhitzen, Wirsing, Fenchel, Pilze und Frühlingszwiebeln darin ca. 5 Minuten andünsten. Mit Hafersahne ablöschen.
5. Die restliche Margarine und die Gemüsemischung unter die Kartoffeln rühren, mit Salz, Pfeffer und frischer Muskatnuss würzen. Die gehackte Petersilie unterrühren.

KOHLGEMÜSE MIT BLUTWURST.

ZUTATEN FÜR 2 PORTIONEN.

- ✓ 400 g Wirsing
- ✓ 400 g Kartoffeln
- ✓ 1 kleine Zwiebel
- ✓ Öl oder Butter
- ✓ Milch
- ✓ Salz und Pfeffer
- ✓ Eventuell Petersilie
- ✓ 1 große Blutwurst.

ZUBEREITUNG

Gesamtzeit ca. 40 Minuten.

1. Kartoffeln kochen. Gleichzeitig den Wirsing in Streifen schneiden, in ungesalzenem Wasser etwa 12 Minuten kochen und abseihen.
2. Die Zwiebel hacken, die Kartoffeln schälen und auf einem Teller mit einer Gabel auseinanderdrücken.
3. Die Zwiebel in Öl oder Butter kurz anschwitzen und zusammen mit dem abgetropften Wirsing leicht anbraten. Dann mit dem Kartoffelpüree vermischen. Mit etwas Milch ablöschen, viel Salz und etwas Pfeffer dazugeben, umrühren - fertig.
4. Wer mag, kann den Kohl mit Petersilie bestreuen.

MINI SCONES.

ZUTATEN FÜR 1 PORTION.

- ✓ 110 g Mehl
- ✓ 1 Teelöffel Backpulver, gestreut
- ✓ 10 g Zucker
- ✓ 25 g Butter, weich
- ✓ 70 ml Milch
- ✓ 1 Prise Salz.

ZUBEREITUNG

Gesamtzeit ca. 23 Minuten.

1. Den Backofen auf 220 ° C Ober-/Unterhitze (Gas: 7) vorheizen.
2. Mehl, Backpulver, Zucker und Salz in einer Schüssel mischen. Die Butter unterkneten, bis sie vollständig eingearbeitet ist. Es entsteht ein sehr krümeliger Teig, der beim Zusammendrücken größere Klumpen bildet. Geben Sie nun nach und nach die Milch hinzu, bis ein glatter, leicht klebriger Teig entstanden ist. Kneten Sie am besten mit der Hand und achten Sie darauf, dass Sie wahrscheinlich nicht die gesamten 70 ml verbrauchen.
3. Den Teig zu walnussgroßen Kugeln rollen. Legen Sie den Teig auf ein mit Backpapier ausgelegtes Backblech. Sie sollten etwa 12 Kugeln erhalten.
4. Das Backblech in die Mitte des Ofens schieben und 6 bis 8 Minuten backen, bis die Scones aufgegangen und oben leicht gebräunt sind. Nehmen Sie die Scones aus dem Ofen und lassen Sie sie etwas abkühlen.
5. Warm schmecken sie am besten, aber in luftdichten Behältern sind sie mindestens 3 Tage haltbar. Besonders gut schmecken sie mit (Erdbeer-)Marmelade.

BÄRLAUCH-ZITRONENBUTTER.

ZUTATEN FÜR 1 PORTION.

- ✓ 250 g Butter, weich (am besten irische)
- ✓ 1 Bund Bärlauch
- ✓ 2 Zitronen, die abgeriebene Schale davon
- ✓ Zucker
- ✓ Salz und Pfeffer.

ZUBEREITUNG

Gesamtzeit ca. 1 Stunde 20 Minuten.

1. Reibe die Schale der beiden Zitronen ab und lege sie beiseite.
2. Die Bärlauchblätter gründlich waschen, einzeln mit Küchenpapier trocken tupfen und fein hacken.
3. Die weiche Butter mit der Zitronenschale und dem fein gehackten Bärlauch zu einer homogenen Masse verrühren und mit einer Prise Zucker, Salz und Pfeffer abschmecken. Etwa 1 Stunde in den Kühlschrank stellen, damit die Butter wieder fest werden kann.

TIPP:

Diese feine Bärlauch-Zitronen-Butter passt wunderbar zu Gegrilltem, aber auch zu Geflügel und Fisch aus der Pfanne.

GEMÜSE-SCHINKEN-KÄSE-SAUCE.

ZUTATEN FÜR 2 PORTIONEN.

- ✓ 300 g Gemischtes Gemüse (auch tiefgekühlt)
- ✓ 100 g Schinken (z.B. geräucherter Bauernschinken)
- ✓ 125 g saure Sahne
- ✓ 125 g Crème fraîche mit Knoblauch
- ✓ 50 g Käse (ich bevorzuge irischen), gerieben (z. B. roter Cheddar)
- ✓ Salz
- ✓ Pfeffer
- ✓ Olivenöl
- ✓ Knoblauch.

ZUBEREITUNG

Gesamtzeit ca. 15 Minuten.

1. Den in dünne Scheiben geschnittenen Schinken in kleine Quadrate schneiden und in etwas Olivenöl anbraten. Das (gefrorene) Gemüse hinzufügen und das Wasser verdampfen lassen; die saure Sahne und die Crême fraîche mit Knoblauch hinzufügen und schmelzen lassen. Zum Schluss den geriebenen Käse hinzufügen und mit Salz, Pfeffer und eventuell Knoblauch abschmecken.

KOMPLETTES IRISCHES FRÜHSTÜCK.

ZUTATEN FÜR 4 PORTIONEN.

- ✓ 8 Ei
- ✓ 16 Scheiben Frühstücksspeck
- ✓ 1 Scheibe Schinken (ca. 0,5 cm dick)
- ✓ 8 Würstchen, irische (Bangers)
- ✓ 2 Esslöffel Zitronensaft
- ✓ 1 Dose weiße Bohnen mit roter Soße
- ✓ 4 Tomaten
- ✓ 1 Blutwurst, irisch (Black Pudding)
- ✓ 1 Leberwurst, irisch (White Pudding)
- ✓ 1 Pck. Butter, gesalzen
- ✓ 1 Glas Konfitüre (Bitterorange)
- ✓ 12 Scheiben Toast
- ✓ Meersalz
- ✓ Pfeffer
- ✓ Butter, gesalzen.

ZUBEREITUNG

Gesamtzeit ca. 45 Minuten.

1. Zuerst heizen Sie den Backofen auf ca. 80°C vor und bereiten mehrere ofenfeste Teller vor.
2. Dann gibst du die Speckstreifen und etwas Butter in die kalte Pfanne und drehst den Ofen auf die zweithöchste Stufe. Sobald der Speck gar ist, kommt er in den Ofen, und die Würstchen kommen direkt in die gleiche Pfanne und dann auch in den Ofen.
3. Nun braten Sie den Schinken an, wobei Sie ebenfalls das geschmolzene Fett der vorherigen Gerichte verwenden. Dann ebenfalls in den Ofen und die Pilze in die heiße Pfanne geben. Ein wenig mit Salz, Pfeffer und Zitronensaft würzen und im Ofen warm halten. Zur gleichen Zeit die Bohnen in einem Topf erhitzen.
4. Nun die Tomaten halbieren, mit Salz und Pfeffer bestreuen und in der Pfanne anbraten. Im Backofen ziehen lassen und warmhalten.
5. Nun können Sie das Toastbrot vorbereiten. Schneiden Sie währenddessen die Blut- und Weißwürste in ca. 1 cm dicke Scheiben. Braten Sie sie in der Pfanne mit etwas Butter (oder Speckfett), bis sie auf beiden Seiten schön glänzen. Dann ebenfalls im Ofen warm halten.
6. Zum Schluss die Eier als Spiegeleier zubereiten und alles auf Tellern anrichten. Die Toasts mit salziger Butter bestreichen, mit etwas Bitterorangenmarmelade beträufeln und mit Blutwurst belegen.
7. Mit frisch gepresstem Orangensaft und Irish Coffee servieren.

Länderrezeptbücher von Michelle Lee

- Mittelmeer-Rezepte Kochbuch
- Vegetarische Rezepte Kochbuch
- Deutsche Rezepte Kochbuch
- Italienische Rezepte Kochbuch
- Einfache Smoothie-Rezepte
- Spanische Rezepte Kochbuch
- Russische Rezepte Kochbuch
- Indische Rezepte Kochbuch
- Mexikanisches Rezept-Kochbuch
- Filipino-Rezept-Kochbuch
- Französisches Rezept-Kochbuch
- Griechisches Rezept-Kochbuch
- Koreanisches Rezept-Kochbuch
- Ramen-Rezept-Kochbuch.
- Italienisches Rezept-Kochbuch 2
- Chinesisches Rezept-Kochbuch
- Asiatisches Rezept-Kochbuch.
- Portugiesisches Rezept-Kochbuch
- Türkisches Rezept-Kochbuch
- Polnisches Rezept-Kochbuch.
- Cajun-Rezept-Kochbuch
- Irisches Rezept-Kochbuch
- Japanisches Rezept-Kochbuch
- Nahöstliches Rezept-Kochbuch
- Marokkanisches Rezept-Kochbuch
- Vietnamesisches Rezept-Kochbuch.

Urlaubsrezeptbücher von Michelle Lee

- Thanksgiving-Kochbücher
- Chanukka-Kochbuch.
- Kochbuch für Festtagsküche.
- Feiertags-Kekse
- Feiertagskuchen
- Party Food Kochbuch
- Feiertags-Kochbuch
- Feiertags-Dessert-Kochbuch
- Kwanza-Kochbuch
- Neujahrs-Kochbuch.
- Januar-Kochbuch.
- Schnelles & einfaches Bowl-Rezept-Kochbuch.
- Super Bowl Day-Rezept-Kochbuch.
- Lohri Kochbuch.
- Chinesisches Neujahrsrezept-Kochbuch
- Valentinstag-Rezept-Kochbuch.

+++++++++++++++++++++++++

Andere Rezepte Kochbuch von Michelle Lee

- ✓ Bohnenorientiertes Rezept-Kochbuch
- ✓ Herzgesundheits-Rezeptbuch
- ✓ Ballaststoffbetontes Rezept-Kochbuch.

Printed in Poland
by Amazon Fulfillment
Poland Sp. z o.o., Wrocław
29 January 2024

35f69491-2197-4066-a454-60f5803e1483R01